AF185424

Helga Götze - W.

Heilkräuter

Reime

Teegeschichte

© 2020 Helga Götze-W.

Umschlag, Illustration: R. Götze

(Bilder auf pixabay.com
Alle Bilder sind frei von Urheberrechten
unter Creative Commons CC0 veröffentlicht)

Verlag & Druck:

tredition GmbH, Halenreie 40-44, 22359 Hamburg

ISBN

978-3-347-03722-9 (Paperback)

978-3-347-03723-6 (Hardcover)

978-3-347-03724-3 (e-Book)

Das Werk, einschließlich seiner Teile, ist urheberrechtlich
geschützt. Jede Verwertung ist ohne Zustimmung des
Verlages und des Autors unzulässig. Dies gilt insbesondere
für die elektronische oder sonstige Vervielfältigung,
Übersetzung, Verbreitung und öffentliche
Zugänglichmachung

Inhaltsverzeichnis

Brennessel

Sie ist eine stark wachsende Pflanze, die man fast weltweit findet, außer in tropischen Gegenden oder in extrem warmen Ländern. Die Brennessel kann für Tee in der Heilkunde verwendet werden. Sehr bekannt ist der Brennesselspinat. Auch in Gemüsen, Suppen, Eintöpfen - und, wer mag, zu Salaten - kann dieses Kraut verwendet werden. Dazu sind die noch etwas jüngeren Pflanzen geeignet; es werden nur die Blätter dazu verwendet. Für das Zubereiten von Tee werden die Pflanzenteile getrocknet und die Blätter dann von den Stielen abgetrennt. Zum Aufbrühen für den Tee die Brennesselblätter mit kochendem Wasser übergießen, 5 bis 10 Minuten ziehen lassen, danach die Flüssigkeit abseihen und die abgekochten Blätter entfernen. Nun ist der Tee trinkfertig und man kann ihn mit etwas Kandiszucker verfeinern.

Heilkunde

In der Heilkunde ist die Brennessel durch ihren hohen Eisengehalt gut zur Blutbildung. Auch für die Verdauung wirkt sie wohltuend, neutralisiert die Harnsäure und stärkt die Nerven. Zum Einreiben - um eine bessere Durchblutung zu erhalten - kann von der Brennessel eine Salbe hergestellt werden.

Salbenherstellung

Zwei Handvoll frische Brennesselblätter kurz waschen, dann zerkleinern. Ein bis zwei Dosen Vaseline mit einem Löffel herausnehmen, in einen Topf geben, auf niedriger Temperatur zerlaufen lassen, die Brennesselblätter dazugeben, kurz andünsten, dann über Nacht einziehen lassen. Am nächsten Tag die Masse noch einmal kurz andünsten, danach durch ein feines Sieb geben und in gut gereinigte Behälter füllen. Die Masse abkühlen lassen und mit dem Deckel gut verschließen. Die Brennesselsalbe an einem kühlen Ort aufbewahren. Mit dieser Salbe können z. B. Arme oder Beine eingerieben werden.

Bitte erst einen Allergietest machen.

Die Brennessel

Sie ist sehr wohl bekannt,

bei uns im ganzen Land.

Man kann sie gut trocknen,

dann einen Tee kochen.

Koch dir einen Spinat,

wenn du das gerne magst.

Sie ist zur Blutbildung,

hat auch diese Wirkung.

Gebe zur Salbe rein,

die Brennessel ganz fein.

Brunnenkresse

Dieses Kraut wächst in ganz Europa, gerne an feuchten Orten. Brunnenkresse gedeiht auch im eigenen Garten, sollte jedoch gut gewässert werden, da sie schnell austrocknet. Also ist direktes Sonnenlicht nicht gut geeignet, für dieses Kraut. Wenn die Wurzeltriebe zu groß geworden sind, kann man diese abschneiden und neu einpflanzen, dann wächst das Kraut wieder besser. Die frischen Blätter des Krautes kann man Salaten oder Quarkspeisen hinzugeben; dies ist ein zusätzlicher Geschmack, auch sehr zum Verzieren geeignet. Brunnenkresse schmeckt gut auf einem Butterbrot; das ist sehr erfrischend. Es werden stets die frischen Blätter des Krautes verwendet. Da sich der Geschmack beim Trocknen verändert, ist es zum Trocknen nicht geeignet. Der Samen der Brunnenkresse wird z.B. zur Senfherstellung verwendet.

Heilkunde

In der Heilkunde wirkt die Brunnenkresse verdauungsfördernd, schleimlösend, auch bei rheumatischen Erkrankungen, z. B. bei Gicht.

Die Brunnenkresse

An feuchten Orten das Kraut gern wächst,

auch in die Nähe des Wassers setzt.

Im eigenen Garten sie gedeiht,

nicht direkt in der Sonne verweilt.

Gib sie zu Quark und Salaten,

auch gerne zu einer Tomate.

Das Kraut, es schmeckt ganz lieblich und fein,

zum Butterbrot schneide es ganz klein.

Für das Trocknen ist sie nicht gedacht,

sie verliert dadurch ihren Geschmack.

Drum verwende sie immer ganz frisch,

in einem Väschen gern auf dem Tisch.

Recht gut für die Verdauung sie ist,

man nehme sie auch, wenn man hat Gicht.

Gänseblümchen

Sehr bekannt ist bei uns das Gänseblümchen, es wächst auf Wiesen, Hängen, am Wegesrand und in Gärten. Bereits im Frühjahr, wenn die Sonne für einige Tage scheint, erblühen die ersten Gänseblümchen. Sie wachsen immer wieder nach, daher sollten nur die Stiele der rundförmigen, mit kleinen Blättchen versehenen Blüten gepflückt werden. Die Blüte hat in der Mitte eine gelbe Knospe. Die Stiele des Blümchens mit ihrem Blütenköpfchen ragen gerne aus dem Gras heraus. Jedes der Stiele trägt ein Blütenköpfchen. Das Gänseblümchen ist den ganzen Sommer über zu sehen.

Heilkunde

In der Heilkunde ist das Blümchen ebenfalls vertreten, es wirkt schmerzstillend und krampflösend, am besten als Tee zuzubereiten. Für den Tee verwendet man die Blüten.

Das Gänseblümchen

Sich der Sonne entgegenstreckt,

Heilkraft im Gänseblümchen steckt.

Vielerorts kann man es sehen,

am Wegrand sie gerne stehen.

Das gelbe Köpfchen ragt heraus,

weiße Blättchen wachsen daraus.

An jedem Stiel die Blüte ist,

was ihr sicherlich alle wisst.

Ingwer

Er wird gerne Ingwerwurz genannt und wächst in tropischen Gegenden. Ingwer kann getrocknet oder frisch verwendet werden, so wie es einem beliebt. Geschält und gebleicht wird er auch der weiße Ingwer genannt. Getrocknet nennt man ihn in der Fachsprache den schwarzen Ingwer. Er dient zum Verfeinern von Speisen; diese erhalten einen besonders erfrischenden Geschmack. Sehr bekannt ist der Ingwer für die Zubereitung von Ginger Ale; dieses Getränk ist ebenfalls sehr erfrischend.

Heilkunde

In der Heilkunde wirkt Ingwer gegen Übelkeit und Erbrechen; er hilft auch bei Verdauungsbeschwerden.

Der Ingwer

Er wird auch Immerwurz genannt,

wächst ganz gut im tropischen Land.

Getrocknet oder auch geschält,

was jeder für sich dann auswählt.

Geschält den weißen Ingwer nennt,

getrocknet als Schwarzen man ihn kennt.

Ingwer gemahlen genommen,

Speisen viel Geschmack bekommen.

Ingwer-Bier wird es noch genannt,

ist als Ginger Ale bekannt.

Gegen Übelkeit hilft er gut,

ganz wohl er der Verdauung tut.

Johanniskraut

Man nennt dieses Kraut gerne Tüpfelkraut, oder Hexenkraut. Das Johanniskraut ist in ganz Europa bekannt. Das Kraut wächst nicht nur in unseren Gärten, man findet es auch an Wiesen- und Waldrändern. Es ist eine ausdauernde Pflanze, die nicht sehr anspruchsvoll ist. In meinem Garten hatte ich einige Jahre meine Freude an dieser schönen, gelb blühenden Pflanze. Während ihrer Blütenzeit schneide ich das Kraut ab, binde es in Büscheln zusammen und bringe es an einen schattigen Platz zum Trocknen. Nach dem Trocknen entferne ich die Blüten von den Stängeln und gebe sie in ein abschließbares Gefäß zur Aufbewahrung. Mit diesem Kraut kann man einen wunderbaren Entspannungstee zubereiten.

Heilkunde

In der Heilkunde wirkt Johanniskraut schmerzlindernd und schnell heilend. Zur Herstellung einer Arznei wird die Pflanze ebenfalls verwendet, z. B. gibt es Dragees gegen Unruhezustände und bei leichten Depressionen.

Für die Zubereitung des Tees gibt man 1 Teelöffel des Krautes in eine Tasse und brüht diese auf mit heißem Wasser. Wer dazu ein Teeei verwendet, braucht dann den Tee nicht mehr abzuseihen. Den Tee ca. 5 Minuten ziehen lassen.

Salbenherstellung

Zur Salbenherstellung zerschneidet man 2 Handvoll des frischen Krautes: die Blüten, die Blätter sowie den Stiel. Man erhitzt die Menge von z. B. Zwei Dosen medizinischer Vaseline gibt das gewaschene, abgetrocknete Kraut hinzu - dieses dünstet man auf nicht zu hoher Temperatur leicht an – und lässt es zugedeckt über Nacht ruhen. Am anderen Morgen erhitzt man die Masse noch einmal, dünstet sie also erneut leicht an. Nun wird die flüssige Masse durch ein feines Sieb gedrückt. Man gibt dann die Flüssigkeit in verschließbare hitzebeständige Gefäße und lässt sie abkühlen, bis sie fest geworden ist. Nun kann man die schmerzlindernde, schnell heilende Johanniskrautsalbe verwenden.

Bitte den Allergietest vorher machen: Eine kleine Menge der Salbe auf einer Stelle der Haut auftragen und einige Stunden abwarten, ob die Haut eine Veränderung zeigt.

Das Johanniskraut

In Gärten, Wiesen es zu uns schaut,

man nennt es auch oft das Hexenkraut.

Das Kraut in fast ganz Europa wächst,

die Natur es überwintern lässt.

Abgeschnitten wird gerne das Kraut,

in Sträußen es gut zum Trocknen taugt.

Einen leckeren Tee genießen,

die Blüten in ein Gläschen schließen.

Zur Entspannung Johanniskraut dient,

als schnell heilend wird es sehr geliebt.

Für Depressionen dann eingesetzt,

beim Arzt man es gern verschreiben lässt.

Kresse

Wird auch gerne Gartenkresse genannt; sie ist vielerorts bekannt. Wie es der Name schon sagt, ist die Kresse eine Gartenpflanze, aber auch gut geeignet als Topf- oder Schalenpflanze. Der Kressesamen lässt sich leicht in kleineren geeigneten Schälchen einsäen, mit lediglich einem feuchten Küchenpapier, oder feuchter Watte. Dazu stellt man das Schälchen an einen hellen, sonnigen Platz, evtl. auf der Fensterbank, damit der Samen keimen kann. Dabei sollte beachtet werden, dass die Kresse nicht austrocknet, sonst wird sie schnell welk. Innerhalb von 14 Tagen kann man die Kresse abschneiden und genießen - zu Salaten oder auf ein Butterbrot, da verleiht sie einen besonders guten Geschmack. Im Garten braucht die Kresse je nach Witterungsverhältnis vielleicht etwas länger, bis sie geschnitten werden kann. Kresse ist nicht winterhart, im Frühjahr muss sie neu ausgesät werden. Kresse hat einen deftigen Geschmack, sie dient auch gerne zum Verzieren von Speisen und Salaten.

Heilkunde

Ist gut verträglich für die Verdauung.

Die Kresse

Im Topf, in Schalen oder im Garten,

Kresse lässt nicht lange auf sich warten.

In feuchter Watte auf Küchenrolle,

das Kraut ganz gern für Salate hole.

Sie gedeiht auf der Fensterbank bei Licht,

besonders anspruchsvoll ist sie gar nicht.

Gießen sollte man sie doch ab und zu,

manchmal will sie jedoch nur ihre Ruh.

Iss sie auf dem Brot, zu Salaten,

sie schmeckt besonders gut zu Tomaten.

Das ganze Jahr über wächst sie im Hause,

im Garten macht sie im Winter Pause.

Lavendel

Sein Zuhause ist der Mittelmeerraum; er wird in vielen Ländern auch großflächig angebaut und kann im Garten gut überwintern. Der Lavendel verbreitet einen überaus angenehmen Duft und wird sehr gerne für Duftkissen verwendet. Im Frühherbst kann das Kraut geerntet werden. Man schneidet die Stiele mit den Blättern und Blüten ab, kann diese zusammenbinden als Sträuße, dann zum Trocknen an geeignete Stellen geben. Zur Herstellung von Lavendelöl und Seifen, sowie zur Kosmetikherstellung, werden die Blüten verwendet. Sehr bekannt sind die Duftkissen des Lavendels; sie geben einen wohlriechenden Duft in Räumen, Schubladen und Schränken. Es werden dazu die getrockneten Blüten verwendet.

Heilkunde

In der Heilkunde beruhigt Lavendel das Nervensystem und den Magen. Die Blätter des Krautes haben einen würzigen Geschmack, werden gerne für Fischgerichte, Wildgerichte und Salate verwendet. Die getrockneten Blätter zerreibt man, streut sie über die Gerichte. Es kann mit Lavendel auch Tee zubereitet werden; einen Teelöffel der Blüten mit heißem Wasser übergießen.

Der Lavendel

Einen sehr wohlriechenden Duft ,

verbreitet er in der Luft.

Ein Duftkissen ist sehr schön,

man mag auch Lavendelöl.

Als Zierstrauß gern gesehen,

im Glas auf dem Tisch stehen.

Frisch aufgebrüht ein Tee,

und der Magen tut nicht mehr weh.

Zum Verfeinern gern gedacht,

viel Freude er uns gebracht.

Nelken

Der Nelkenbaum wächst z. B. in Madagaskar, gern in Meeresnähe. Die Blütenknospen haben eine karminrote Farbe und diese Knospen werden geerntet. Nelken verbreiten einen sehr deftigen Geschmack, die Knospe kann nur in geringen Mengen eingesetzt werden. Hervorragend im Geschmack ist es, wenn man sie zu Fleisch, Fisch, Wildgerichten, Essiggurken, Obstsalaten und Lebkuchen dazugibt und die Speisen damit verfeinert. Sauerkraut sowie Rotkraut, erhalten durch die Beigabe von Nelken einen würzigeren Geschmack. Dieses Gewürz wird auch zur Herstellung von Likören und Punsch verwendet.

Heilkunde

In der Heilkunde kann das Öl der Nelken schmerzlindernd wirken. Das Nelkenöl regt die Darmträgheit an, kann die Heilung bei Magengeschwüren unterstützen. Nelken wirken schleimlösend bei Bronchitis.

Die Nelke

In Meeresnähe wächst sie gern,

in warmen Ländern von uns fern.

Rot sind ihre Blütenknospen,

gerne kann man davon kosten.

Der Geschmack ist herb, auch deftig,

zuviel davon ist sehr heftig.

Gerichte damit verfeinern,

kannst sie gerne ganz zerkleinern.

Es gibt auch leckeren Likör,

oder ein sehr schmackhaftes Öl.

Die Nelke wirkt noch schmerzlindernd,

bei Husten auch schleimverhindernd.

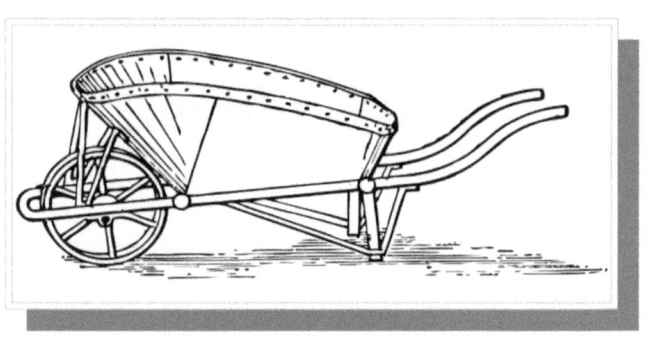

38

Oregano

Wird gerne wilder Majoran genannt, man findet ihn auch wildwachsend an sonnigen Plätzen. Oregano ist winterhart, im Frühjahr kann man ihn aussäen oder Stecklinge einpflanzen. Das Kraut gedeiht gut in einem Blumentopf. Die frischen Blätter des Oregano werden geerntet und in Öl angesetzt, zum Aufbewahren. Wer gerne Marinaden ansetzt, kann von diesem Öl dazugeben. Zum Aufbewahren über längere Zeit schneidet man das Kraut ab, bindet es zusammen, so kann es getrocknet werden. Oregano ist herb im Geschmack, man gibt es gerne zu Fleischgerichten und verwendet es, zur Wurstherstellung, für Nudelgerichte, für Suppen und zum Würzen von Käsespezialitäten.

Heilkunde

In der Heilkunde wirkt das Kraut antibakteriell und es lindert verschiedene Hustenerkrankungen.

Der Oregano

Wilder Majoran wird er genannt,

ist an vielen Ort im Land bekannt.

An sonnigen Plätzen er gut wächst,

im Winter eine Pause einsetzt.

Geerntet werden frische Blätter,

das Kraut übersteht manches Wetter.

In einem Topf er ganz gut gedeiht,

auf dem Balkon sehr gerne verweilt.

Petersilie

Sie ist ein oft verwendetes Küchenkraut, das den Speisen einen besonderen Geschmack verleiht. Petersilie wird gerne zum Verzieren verwendet. Bekannt ist das Küchenkraut in ganz Europa, ich habe es in meinem Garten, an einem halbschattigen Platz angepflanzt. Wenn man ab und zu nach der Petersilie schaut den Sommer hindurch, sie immer wieder nach Bedarf gießt, ist sie ein gut wachsendes Küchenkraut. An den Stielen wachsen Rosetten; wenn diese schön buschig gewachsen sind, schneide ich das Kraut unten am Stiel ab, dann kann ich es in der Küche für meine Speisen verwenden. Petersilie kann auch in Pflanztöpfen auf dem Balkon oder direkt in der Küche auf der Fensterbank für längere Zeit verwendet werden. Sie dient nicht nur Suppen und Eintöpfen, sie verfeinert z. B. auch Hackfleisch, Fisch, Bratkartoffeln, Salate und Kräutermischungen. Auch Marinaden können mit Petersilie angesetzt werden, man kann sie mit den Stielen dazugeben. Nicht nur zu Kräuterquarks, Eierspeisen und Soßen schmeckt sie besonders gut, sondern sie verschönert auch Wurst- oder Käseplatten.

Heilkunde

In der Heilkunde wirkt die Petersilie entwässernd und ist gut verträglich.

Die Petersilie

Sie ist als Küchenkraut bekannt,

bei uns, doch auch im fremden Land.

Kahler Stängel, oben ganz kraus,

so sehen die Rosetten aus.

Für Salate zum Verzieren,

die Petersilie kreieren.

Eine ganz vielfältige Kost,

gedeiht sehr gut im Blumentopf.

Ringelblume

Diese Heilpflanze ist ein weitbekanntes Kraut; sie wächst auch in unseren heimischen Gärten. Die Ringelblume ist sehr beliebt als Gartenpflanze und ziert unsere Gärten; mit ihren leuchtenden Farben ist sie ist ein regelrechter Blickfang.

Geerntet werden die frischen Blüten und Blätter, sie können Salaten beigemischt werden. Ebenso kann die Ringelblume getrocknet werden, hier dient sie zur Zubereitung für Tee.

Heilkunde

In der Heilkunde wirkt die Ringelblume zur Wundheilung, ist entzündungshemmend und hat eine beruhigende Wirkung. Sie dient zur inneren und äußeren Anwendung. Zur inneren Anwendung wird sie als Tee oder Sirup zubereitet. Zur äußeren Anwendung ist sie als Salbe oder Creme sehr bekannt.

Salbenherstellung

Dazu nimmt man 2 Handvoll frische Blüten und Blätter des Krautes. Diese werden kurz gewaschen, dann abtrocknen lassen. Nun gibt man den Inhalt von z. B. 2 Dosen medizinischer Vaseline in einen Topf und lässt sie auf niedriger Temperatur schmelzen. Dazu werden die Pflanzenteile gegeben, man lässt diese kurz andünsten. Danach wird die Salbenmasse abgekühlt, also über Nacht zugedeckt ziehen lassen. Am anderen Tag wieder leicht erwärmen, nochmals kurz andünsten, dann durch ein feines Sieb gießen in dafür geeignete Gefäße, nun abkühlen lassen. Die Ringelblumensalbe dient zur Wundheilung und als Hand- oder Gesichtscreme. Es kann auch eine größere Menge von der Salbe zubereitet werden; sie ist bei guter Lagerung an einem kühleren Ort für längere Zeit haltbar.

Vor der Behandlung mit der Salbe bitte den Allergietest anwenden.

Die Ringelblume

Die Ringelblume ist bekannt,

sie wächst bei uns im ganzen Land.

Als Zierblume ist sie beliebt,

in ihre Blüten gar verliebt.

Ein Blickfang sind ihre Farben,

das Kraut heilt Wunden, die Narben.

Sie blüht auch bei Wind und Wetter,

trockne die Blüten, die Blätter.

Als Salbe sehr behilflich ist,

sicher du mit ihr zufrieden bist.

Schnittlauch

Der Schnittlauch wird in manchen Gegenden auch Graslauch genannt. Er ist ein bekanntes, begehrtes Küchenkraut. In meinem Garten wächst der Schnittlauch an sonnigen und halbschattigen Plätzen. Den ganzen Sommer über kann man ihn ernten, denn er wächst nach, wenn man ihn abschneidet. Ab und zu sollte er gegossen werden, die Wurzel darf nicht austrocknen. Im Herbst gibt es die letzte Ernte, da schneide ich den Schnittlauch komplett ab. Er ist winterhart, im Frühjahr fängt er wieder von Neuem an zu wachsen. Meine Pflanzen sind bereits mehrere Jahre alt. Einige Halme des Schnittlauches fangen an zu blühen, diese Halme erhärten sich und sind für den Gebrauch als Speisen nicht mehr geeignet. Diese kann man einfach herauszupfen, damit sie nicht mehr dazwischen sind, wenn der Schnittlauch abgeschnitten wird. Bei größeren Ernten kann das Kraut auch eingefroren werden, zur längeren Aufbewahrung. Vielseitig anzuwenden ist es in der Küche, zum Verfeinern von Salaten, Nudelgerichten, Suppen, Kartoffeln, Pfannengerichten, Gemüse. Ein besonderer Genuss ist auch die Schnittlauchbutter.

Heilkunde

In der Heilkunde wirkt Schnittlauch verdauungsfördernd und appetitanregend in leichter Form.

Der Schnittlauch

Graslauch wird das Kraut auch genannt,

ist in jeder Küche bekannt.

Den ganzen Sommer über er wächst,

im Winter man ihn dann ruhen lässt.

Zum Verzieren er gar viel dient,

sehr oft auch am Gemüse sieht.

Gewaschen, geschnitten, geputzt,

für Butter, auch Quark man ihn nutzt.

Spitzwegerich

Dieses Kraut ist ein Garten- und Wiesenkraut. Es wächst auch gerne am Wegesrand, für einige ist es eher ein Unkraut.Der Spitzwegerich ist nicht sehr anspruchsvoll und kann der Trockenheit für einige Zeit standhalten. Das Kraut ist gut geeignet für die Zubereitung von Tee, Säften und als Tonikum. Wer mag, kann die frischen Blätter Salaten beimischen. Für den Tee wird der Spitzwegerich getrocknet und ist dann für längere Zeit haltbar.

Heilkunde

In der Heilkunde wirkt Spitzwegerich schleimlösend bei Husten, er wird viel bei Hustensäften eingesetzt. Auch zur Wundheilung kann das Kraut eingesetzt werden:

Eine Hand voll der getrockneten Blätter mit etwas kaltem Wasser ansetzen, über Nacht stehen lassen. Am anderen Morgen abseihen, eine Kompresse mit der Flüssigkeit befeuchten, dann auf die Wunde legen und einen Verband anbringen. Den Verband täglich damit erneuern, bis die Wunde abgeheilt ist.

Der Spitzwegerich

Ist ein Garten- und Wiesenkraut,

an Wegrändern steht gern ein Strauch.

Er ist nicht so sehr anspruchsvoll,

bei Trockenheit geht's ihm noch wohl.

Sehr hilfreich das Kraut für uns ist,

bei Husten hilft Spitzwegerich.

Getrocknet werden kann das Kraut,

für Tee es uns auch sehr viel taugt.

Es heilen gut ab die Wunden,

schleimlösend in ein paar Stunden.

Getrocknet für längere Zeit,

hat man Spitzwegerich bereit.

Stiefmütterchen

Die Blume ist bekannt als Frühjahresbote; sie ist sehr beliebt, da sie farbenfroh ist. Das Stiefmütterchen wächst auf Wiesen und Äckern in ganz Europa. Viele Gärten, auch Grabstätten, ziert das Stiefmütterchen in verschiedener Farbenpracht. In meinem Garten gibt es Stiefmütterchen, die schon seit einigen Jahren, immer wieder aufs Neue blühen. Da ich einen Teil der Blümchen nach dem Blühen nicht abschneide, sondern stehen lasse, werfen sie den Samen aus und gedeihen im Frühjahr wieder aufs Neue. Doch das Stiefmütterchen dient uns nicht nur als Zierblume, sondern ist auch eine Heilpflanze.

Heilkunde

Das blühende Kraut kann äußerlich wie innerlich verwendet werden. Zur äußerlichen Anwendung hilft das Stiefmütterchen gegen Hautkrankheiten und -ausschlägen. Man bereitet einen Tee zu mit den Blüten, lässt ihn 10 Minuten ziehen dann abkühlen, und tupft die befallenen Stellen des Ausschlags, oder der Hautunreinheiten, vorsichtig mit einem Watte-Pad ab. Bei innerer Anwendung hilft der Tee gegen rheumatische Erkrankungen, bei leichten Nervenschwächen sowie bei fieberhaften Erkältungskrankheiten.

Für ½ Teelöffel des Stiefmütterchens nimmt man eine Tasse heißes Wasser. Bei Einnahme von größeren Mengen kann man Kopfschmerzen bekommen. Deshalb zu Beginn der Einnahme des Tees mit 2 – 3 Schluck beginnen, dann evtl. um einen Schluck erhöhen bei der nächsten Zubereitung des Tees, sofern man keine Beschwerden bekommt.

Das Stiefmütterchen

Als Frühjahresbote sehr bekannt,

Stiefmütterchen wird es genannt.

Im Garten steht es in bunter Pracht,

Jahr für Jahr aufs Neue erwacht.

Nicht nur als Zierpflanze gedacht,

ist es für uns als Heilkraft bedacht.

Dann einen Tee zubereiten,

hilft bei Erkältungskrankheiten.

Es heilt uns bei Hautkrankheiten,

tupfe ab die Unreinheiten.

Trink nur wenig vom guten Tee,

sonst tut dir der Kopf gar noch weh.

Thymian

Wird Wurstkraut genannt in manchen Gegenden. Thymian ist ein wohlriechendes Kraut, das bei uns in den Gärten über mehrere Jahre wachsen kann. Mancherorts findet man sogar Thymian wildwachsend. Das Kraut lässt sich einfach versetzen, indem man die Pflanze teilt und beide Teile einpflanzt. Vor Trockenheit muss man den Tymian schützen; er wächst an sonnigen bis leicht schattigen Plätzen. Den Sommer über kann ich Thymian frisch aus dem Garten ernten und zum Verfeinern meiner Speisen verwenden. Kurz vor der Blütezeit im Sommer ernte ich Thymian in größeren Mengen, schneide ihn dann ab, trockne das Kraut, binde es in Büscheln zusammen und gebe es in einen etwas dunkleren, kühleren Raum. Dadurch habe ich den ganzen Winter über einen Vorrat für Kräutertee, oder zum Verfeinern meiner Speisen.

Heilkunde

In der Heilkunde wird Thymian in Hustensäften eingesetzt, das Kraut wirkt schleimlösend und appetitanregend.

Der Thymian

Genannt wird er auch manchmal das Wurstkraut,

sogar wild wachsend im Gras er herausschaut.

Gerne sehr lange er im Garten verweilt,

zum Versetzen man ihn in zwei Teile teilt.

In einem Blumentopf er ganz gut wächst,

mit der Wurzel man ihn in den Boden setzt.

Im Sommer blüht er dann in voller Kraft,

abgeschnitten nun zum Trocknen gebracht.

Zum Würzen von Speisen gut geeignet,

schmackhafter Tee davon zubereitet.

Das Kraut ist für unser Wohlbefinden,

bei Erkältung kann dies gut gelingen.

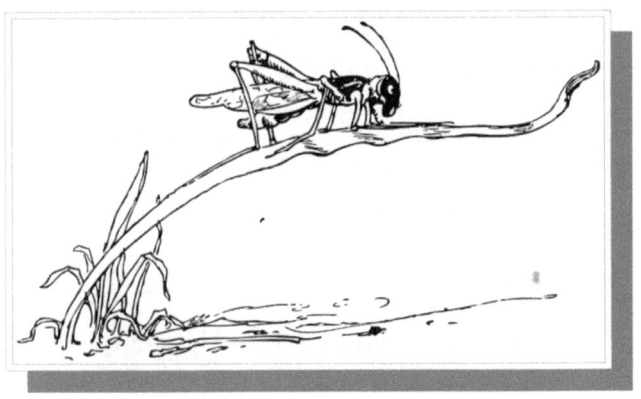

Waldmeister

Dieses Kraut ist auch als Maikraut bekannt, es wächst gerne im Wald und am Wegesrand. Der Waldmeister ist eine winterharte Pflanze, die in meinem Garten seit vielen Jahren verweilt. Das Kraut hat einen intensiven, erfrischenden Geschmack. Es verfeinert Desserts, Eis, Getränke und Liköre.

Heilkunde

In der Heilkunde setzt man Waldmeister bei Durchblutungsstörungen ein sowie bei Venenerkrankungen. Auch als Tee ist er geeignet, dazu verwendet man das blühende Kraut. Dies sollte nur in kleineren Mengen angewendet werden, da es sonst Übelkeit herbeiführen kann.

Der Waldmeister

Maikraut wird er noch genannt,

ist auch vielerorts wohlbekannt.

Im Garten dann sehr gut gedeiht,

im Topf er recht gerne verweilt.

Es ist ein ganz deftiges Kraut,

für so manches noch uns gut taugt.

Einen Tee gern zubereiten,

wird er bei vielem uns begleiten.

Sind die Venen ganz leicht erkrankt,

das Kraut hilft uns, es sei gedankt.

Nimm nur kleinere Mengen,

kann sonst mit Übelkeit enden.

Teegeschichte

Kräutertee aus dem eigenen Garten

Der Anbau der Kräuter, um einen wunderbaren, aromatischen Tee zu erhalten, ist einfach. Dazu wählt man seine Lieblingskräuter aus und pflanzt diese in ein dafür vorbereitetes Pflanzenbeet. Ein lockerer Boden ist dazu am besten geeignet. Die Kräutersetzlinge werden nun in den Boden gedrückt, so dass sie einen guten Halt in der Erde haben. Ganz wichtig ist, dass die Jungpflänzchen gegossen werden. Den ganzen Sommer über bis zur Ernte, sollte immer wieder überprüft werden, ob noch genügend Feuchtigkeit bei den Pflanzen vorhanden ist, da sie sonst schnell austrocknen können. Gedüngt werden kann z. B. mit Hornmehl, da gedeihen die Kräuter besonders gut. Jetzt können die Kräuter mit dem Wachsen beginnen. Für meinen Kräutertee verwende ich Pfefferminze, Thymian, Salbei, Melisse und Kamille. Im

Spätsommer können dann die Pflanzenteile abgeschnitten werden, in Sträußen zusammengebunden werden und an einem dafür geeigneten Platz getrocknet werden. Nach ungefähr 4 bis 6 Wochen ist das Kraut getrocknet. Die Pflanzenblätter werden nun von den Pflanzenstängeln abgezupft und in einen dafür vorgesehenen Behälter gegeben. Wer einen besonders edlen Tee haben möchte, verwendet nur die kleineren Blätter. Speziell für den Tee, können alle unterschiedlichen Kräuter in ein Gefäß gefüllt werden, ansonsten gibt man jede Kräutersorte in ein separates Gefäß. Gut geeignet dafür ist ein Glasgefäß mit Schraubdeckel, dort sind die Kräuter für längere Zeit haltbar. Wichtig ist, dass die Kräuter immer gut verschlossen sind und sich darin keine Feuchtigkeit bilden kann, sodass Schimmelbildung verhindert wird. Jetzt ist es soweit: Der leckere Tee kann zubereitet werden.

Dazu gibt man 2-3 Eßl. der Teemischung in eine Teekanne, übergiest sie mit kochendem Wasser und lässt sie dann ca. 5-10 Min. ziehen, je nachdem, wie stark man ihren Geschmack liebt. Den Tee danach absieben. Diese Teemischung kann als Erkältungstee getrunken werden; dieser Tee wirkt schleimlösend, hustenstillend, wohltuend für Mund und Rachen.. Der Tee kann auch mit einzelnen Kräutern getrunken werden. So wirkt z.B. Thymian schleimlösend und beruhigend bei Husten. Salbei ist gut geeignet bei Halsbeschwerden, Pfefferminze senkt den Blutdruck und gibt dem Tee ein erfrischendes Aroma. Melisse ist hilfreich gegen Kopfschmerzen, Kamille wirkt entzündungshemmend. Selbstverständlich kann der Tee jederzeit als Erfrischungsgetränk, oder im Winter zum Aufwärmen getrunken werden; er ist auch gut als Kaltgetränk geeignet für die heißen Tage. Mit den verschiedenen Kräutern habe ich meinen Tee aufgebrüht, dann ziehen lassen, und dann siebe ich ihn in meine dafür vorbereitete Teekanne. Bei Erkältungskrankheiten sollte er besonders warm getrunken werden. Damit der Tee warm bleibt stelle ich ihn auf ein Stövchen; darin befindet sich eine kleine Kerze, die angezündet wird. Die Teekanne kann nun daraufgestellt werden; so bleibt der Tee für längere Zeit warm und das Aroma erhalten. Dazu stelle ich Teegläser auf den Tisch, schenke mir den leckeren Kräutertee ein und lasse ihn kurze Zeit stehen, damit er etwas abkühlen kann. Dann trinke ich voller Genuss einen Schluck dieses Heißgetränks, das ein erfrischendes, wohltuendes Aroma verbreitet. Eines ist gewiss: Es wird nicht bei einer Tasse dieses wunderbaren Kräutertees bleiben.

Gedicht

Kräutertee

Pflanze die Kräuter im Garten,

bis zum Sommerende warten.

Die Kräuter dann gewachsen sind,

hol sie in Sträußchen rein geschwind.

In einen Raum, der dunkel ist,

sie trocknen dort, das ist gewiss.

Abgezupft die Blätter vom Stiel,

in ein Glasgefäß, wer gern will.

Bist du erkältet, dein Hals tut weh,

trinke dann leckeren Kräutertee.

Misch ihn mit vielen Kräutern fein,

gib dir noch Salbei hinein.

Mit heißem Wasser dann brühen,

die Kräuter sehr gut verrühren.

Einige Zeit soll er ziehen,

den Tee in die Tasse sieben.

Jetzt kannst du den Tee genießen,

und dir noch eine Tasse eingießen.

Wirkung in der Heilkunde

Brennessel

dient zur Blutbildung, neutralisiert die Harnsäure, ist nervenstärkend und wohltuend für die Verdauung.

Brunnenkresse

ist schleimlösend, hilft bei rheumatischen Erkrankungen, z. B. bei Gicht.

Gänseblümchen

ist schmerzlindernd und krampflösend.

Ingwer

ist verdauungsfördernd, stärkt die Magensäure, hilft bei Übelkeit und Erbrechen.

Johanniskraut

ist nervenberuhigend, hilfreich gegen Depressionen. Als Salbe wirkt das Kraut schnell heilend, schmerzstillend.

Kresse

ist gut für die Verdauung.

Lavendel

beruhigt das Nervensystem und den Magen.

Nelken

regt die Darmtätigkeit an, heilt kleine Magengeschwüre, wirkt schmerzlindernd, schleimlösend.

Oregano

ist antibakteriell, hustenstillend.

Petersilie

wirkt entwässernd.

Ringelblume

wirkt wundheilend, entzündungshemmend, krampflösend, blutdrucksenkend.

Schnittlauch

wirkt verdauungsfördernd, leicht appetitanregend.

Spitzwegerich

hat eine hustenstillende, schleimlösende Wirkung.
Kann auch zur Wundheilung eingesetzt werden.

Stiefmütterchen

ist hilfreich bei leichter Nervenschwäche, bei
fieberhaften Erkrankungen.

Thymian

wirkt schleimlösend, desinfizierend, antibakteriell,
hilft bei Appetitlosigkeit.

Waldmeister

wird bei Durchblutungsstörungen und
Venenerkrankungen eingesetzt.

Autorin Helga Götze

1956 geboren in Baden-Württemberg im Zollernalbkreis.

Seit 1975 verheiratet, 3 Kinder, 5 Enkelkinder, 1 Urenkelkind, 1 Pflegekind.

1993 Gründung des Gesangsduos Helga und Rolf

1994 Produzentin bei HGR Tonträgerproduktion

Sendebetreuerin für Funk u. Fernsehen, Presse

Moderatorin bei Freies Radio

Liedtextschreiberin, Lyrik, Sachbuch, Anthologien, Krimi, Kurzgeschichten

Bekannt bei Funk und Fernsehen, Presse, Illustrierten, Internet

Veröffentlichung von MC, CD, Taschenbücher

Teilnahme an Musikcharts in verschiedenen Internetmusikportalen mit erfolgreichen 1. Plätzen

Teilnahme am Musikbusiness-Seminar der Deutschen Rockstiftung in Stuttgart

Tournee nach Rumänien

Teilnahme an verschiedenen Musiksendungen mit Fernsehaufzeichnungen

Radiointerviews bei verschiedenen Radiosendungen

Musikveranstaltungen zu Festlichkeiten

Vertonung von Gedichten und Lesungen

Vorlesung im Deutschen Literaturfernsehen

Veröffentlichung von eigenen Büchern

Teilnahme an Gedichtewettbewerben mit der Auszeichnung: die Besten des Jahres

Teilnahme an Werken mit verschiedenen Autoren

Mitwirken im Kinofilm und ein Debüt im Dritten:

„Morgen früh ist die Nacht rum"

Besuch der Sat 1 Serie: Richterin Barbara Salesch

Pressemitteilungen in Zeitungen, Illustrierten, im Internet

Verse, Gedichte und Geschichten
ISBN: 978-3-7345-0704-5 Paperback
ISBN: 978-3-7345-0705-2 Hardcover
ISBN: 978-3-7345-0706-9 e-Book

Kräuter verfeinert mit Reimen
ISBN: 978-3-7345-8364-3 Paperback
ISBN: 978-3-7345-8365-2 Hardcover
ISBN: 978-3-7345-8366-7 e-Book

Detektivin Isolde von Wehrstein
ISBN: 978-3-7482-4240-6 Paperback
ISBN: 978-3-7482-4241-3 Hardcover
ISBN: 978-3-7482-4242-0 e-Book

**Die Bücher sind als Hardcover, Paperback und e-Book
bei tredition.de im Buchhandel, in Onlineshops erhältlich**

Notizen

Notizen

Notizen

Notizen

MIX

Papier | Fördert
gute Waldnutzung

FSC® C083411

Zeitfracht Medien GmbH
Ferdinand-Jühlke-Straße 7
99095 Erfurt, Deutschland
produktsicherheit@kolibri360.de